# 楽しそうな大人になろう。
## 55歳から輝いて生きる人の習慣

中谷彰宏

AKIHIRO NAKATANI

アルソス

楽しそうな大人は、
損得も
詳細も考えずに
好きに打ち込む。

中谷彰宏

この本は、3人のために書きました。

①退職前後の生き方を、探している人。

②好きなことが、見つからない人。

③将来が不安な人。

## はじめに

# しがみつくリタイヤより、手放すリセットしよう。

リタイヤした人は、しがみついています。
リタイヤするより、リセットすることです。
リセットとは、手放すことです。
リタイヤした人より、リセットした人のほうが、楽しそうです。

楽しそうな大人になろう。
——55歳から輝いて生きる人の習慣

目次

はじめに
しがみつくリタイヤより、手放すリセットしよう。 004

## 第1章【生き方】
## 楽しそうな大人になろう。

1 「できる人」より、「感じのいい人」になろう。 018
2 「楽しんでいる人」は、輝いている。 019
3 「かっこいい人」より、「ゴキゲンな人」になろう。 020
4 ゴールなんて、いらない。今日を、懸命に楽しむことが、ゴール。 021
5 「時間の長さ」より、「時間の濃さ」で生きよう。 022

## 第2章【メンタル】
## 楽しめる心を持とう。

1 「なめられたくない」と思う時点で、負けている。 024
2 「凄い人」を目指すより、「面白い人」を目指そう。 025
3 疲れたシルバーではなく、楽しそうなプラチナになろう。 026
4 名前を聞かれることに、ショックを受けない。 027
5 他人の失敗にも、自分の失敗にも、寛大になる。 028

6 原因は、どうだっていい。「どうするか」を考えればいい。 029
7 堂々とすると、ミスも演出に見える。ビクビクすると、ミスに見える。 030
8 他人の問題にすり替えることで、ますます疲れる。 031
9 解釈の幅を広げることが、その人の大人度を表す。 032
10 解釈の幅を広げることで、自己肯定感が上がる。 033
11 花の香りをかぐ余裕を持とう。 034
12 相手がミスをした時が、「幸福感」を上げるチャンス。 035

## 第3章【好きなこと】楽しそうに見える人は、魅力がある。

1 好きなことに、キッカケはいらない。 038
2 気になるところを、深掘りするだけでいい。 039
3 休日にしていることが、好きなこと。好きなことなら、平日にもする。 040
4 好きな理由が、わからない。それが本当に、好きなこと。 041
5 振り向いてもらえなくても、好きなものに出会えただけで、幸運。 042

6 ガマンして生きるほど、人生は、短くない。 043
7 「得意なこと」ではなく、「好きなこと」を持とう。 044
8 好きなことのために、好きでもないことを、ゴキゲンにしよう。 045
9 損得を考えないのが、好きなこと。 046

## 第4章【話し方】

# 話したい人になろう。

1 「同じのおかわり」より、「コーヒー、おかわりください」。 048
2 若い人との会話が苦手な人は、同世代との会話も、苦手。 049
3 「言葉のしりとり」より、「気持ちのしりとり」をしよう。 050
4 知識よりも、想像を共有しよう。 051
5 「知らない」より、想像しよう。 052
6 「お若いですね」は、「実際は、いってますね」と伝わる。 053
7 「受け売りの話」は、バレる。「体験の話」が、愛される。 054
8 大人こそ、きちんとした言葉遣いをしよう。 055

第5章【聞き方】
## 想像で聞き上手になろう。

1 「言い換え」ではなく、「聞き換え」で、会話はうまくいく。 058
2 会話は、文字を受け取るのではなく、「気持ち」を受け取る。 059
3 聞き方の解釈を間違えると、会話がかみあわない。 060
4 1つは解釈とは言わない。2つ目から、解釈が生まれる。 061
5 「善意の解釈」には、意志がいる。 062
6 解釈の数が、視野の広さになる。 063
7 情報だけを見る人は、想像していない。想像する人は、解釈できる。 064
8 自分の意図と、違う意味で受け取られていることに気づく。 065
9 「知らない」と言うと、「知りたくない」と相手に伝わってしまう。 066

第6章【勉強】
## 仕事に関係ない勉強を、楽しもう。

1 グループレッスンで、「私の時間が短い」と言わない。 068
2 「知らないふり」をしている人が、詳しい人だ。 069

3 勉強をすることで、視野が広がる。 070
4 しなくてもいい分野を勉強することで、老人ではなく、大人になれる。 071
5 思考停止は、心肺停止と同じ。「どうせ変わらない」は、思考停止。 072
6 習い事は、基礎から学ぼう。 073
7 面白いことを探すより、なんでも面白がろう。 074
8 楽なことを目指すと、しんどい。「めんどくさい」ことを目指すと、ワクワクする。 075
9 明日を心配するより、自分の成長を心がけよう。 076

## 第7章【マナー】愛されるお客さんになろう。

1 マナーが悪いと、サービスは、受けることはできない。 078
2 さりげない気遣いに、気づかない人は、疲れる。気づく人は、ワクワクする。 079
3 混んでいる電車に、後ろの人が乗れるようにすることで、被害者意識が、救済者意識になります。 080
4 おいしい目玉焼きを作るコツは、フライパンに、卵をそっと置くこと。 081
5 タクシーを降りる時、「ありがとうございました」と言うと、忘れ物に気づく。 082

6 カフェから帰る時、「また来ます」より、「今度は、モンブランを食べます」。 083

7 「修理するより、買い直したほうが、安いね」は、愛のなさが、伝わる。 084

8 「シートベルト、お願いします」は、「言わなくても、締めてよ」という意味。 085

9 レストランの予約が通ってなかった時、「確かに、予約しました」より、「今から入れるでしょうか」。 086

10 「荷物、持ちましょうか」より、「持ちましょう」。 087

11 列の後ろに並んでいた人に、「お待たせしました」。 088

12 会話の音量を、他のお客様以下にしよう。 089

13 小部屋で、他のお客様がいる時は、会釈して入ろう。 090

14 「お客様意識」を、手放そう。 091

15 買わないで出る時、「また来ます」と会釈して出よう。 092

16 意識的な横柄は、気づける。悪意のない横柄は、気づかない。 093

17 フキゲンでいると、相席を断られる。断られていることに、気づこう。 094

18 タクシーで行き先を告げる時、「〇〇まで、お願いします」と言おう。 095

19 タブレット注文のお店で、口頭で頼まない。 096

20 電車で席を譲られたら、感謝しよう。 097

## 第8章【仕草】
# 一人でいても、感じのいい人になる。

1 傘立ての傘の置き方に、姿勢と清潔感が表れる。 100
2 エスカレーターで、カバンをはみ出して持たない。 101
3 傘を持って歩く時、傘の先を動かさない。 102
4 感じのいい人は、足音を立てないで歩ける。 103
5 感じのいい人は、電車に乗る時、入り口にしがみつかない。 104
6 感じのいい人は、ドアを、優しく閉める。 105
7 新聞受けから、新聞を優しく抜く。 106
8 手についた水滴を飛ばしながら、化粧室から出てこない。 107
9 電灯のスイッチを、優しく消そう。 108
10 感じのいい人は、ドアの上のほうを優しくノックする。 109
11 横から歩いて来た人と目の前でぶつかりそうな時、相手の後ろを目指そう。 110

第9章【見た目】

# 見た目は、心を映し出す。

1 楽しそうな大人は、歩く時、カバンを肩にかけない。 112
2 楽しそうな大人は、写真を撮る時、歯を見せて笑う。 113
3 清潔感は、きちんとした服装からにじむ。 114
4 立っている時も、座っている時も、一輪挿しのように。 115
5 猛暑の中でも、暑そうな顔をしない。 116
6 混雑しているところで、腕を振って歩かない。 117
7 姿勢が崩れると、顔が近くなって、嫌がられる。 118
8 「ゴミ、落ちてるよ」と言う人より、ゴミを拾う人の姿勢がいい。 119
9 カジュアルは、きちんと。フォーマルは、笑顔で。 120
10 アップグレードは、姿勢の良さで選ばれる。 121
11 信号待ちをする時、足を揃えると、イライラしない。 122
12 電車で座る時、姿勢がいい人は、脚を広げない。 123
13 昔の自分より、今の自分がいいと感じよう。 124

14 手をポケットに入れると、老けて見える。 125
15 食事をする時、両手をテーブルに出す。 126
16 アイコンタクトのない人は、まぶたが垂れ下がる。 127
17 笑顔のない人は、ほうれい線が目立ってくる。 128
18 感じのいい人は、お店に入る時、足を揃える。 129
19 感じのいい人は、乗り物の椅子に、ドシンと座らない。 130
20 楽しそうな大人は、月を見上げることができる。遠くの景色を、見ることができる。 131

## 第10章【自立】

# 頼らないでできることで、楽しくなる。

1 自分でできる人は、楽しんでいる。 134
2 つまらなそうな大人は、来るのを待つ。楽しそうな大人は、自分から行く。 135
3 会いに行けば、出会いが生まれる。話しかければ、物語が始まる。 136
4 遠くまで足を運んだ人が、多くのものを持ち帰る。 137
5 話しかけは、相手へのプレゼント。ラッピングは、明るい表情。 138
6 自炊ができる人は、味に文句を言わなくなる。 139

第11章【金運】
運を味方につけよう。

1 仕事は、報酬よりも、リスペクトで依頼する。 142
2 トイレットペーパーを交換した人に、運が来る。 143
3 エコヒイキは、されるのも、するのも、工夫がいる。 144
4 「神様のおかげ」もあるけど、その人という「人間のおかげ」もある。 145
5 「小さな約束」を守る人が、信頼される。小さな約束とは、「お金と時間」。 146
6 お金のクヨクヨは、お金以外で解決する。 147
7 お金で、時間を買い、時間で、体験を買おう。体験とは、会いに行くこと。 148

第12章【仕事】
死ぬまで現役でいよう。

1 楽しさは、めんどくさい依頼を引き受けたことから生まれる。 150
2 「もう二度と来ない」は、「直ってるか、また見に来るよ」という意味。 151
3 「また来ます」は、「もう来ません」の意味もある。 152
4 「不愉快な思いをさせたとしたら、お詫びします」は、反省していない。 153

5 お客様からのクレームに、
「現場に厳重に注意します」より、
「早速、仕組みを改善します」。 154

6 「ちょっとしたことで、
逆鱗に触れまして」は、
重大さに気づいていない。 155

7 「違うんです」は、
「素直じゃないな」と受け取られる。 156

8 「ここ一番」より、
「いつなんどきでも」の準備をしよう。 157

## 第13章【家庭】愛される家庭人になろう。

1 花を買って帰った時、
「どうしたの?・」は、
「うれしい」という意味。 160

2 花を買って帰った時、
「浮気した?・」は、
「うれしい」という意味。 161

3 高めのプレゼントを買ってきた時、
「またこんな贅沢して」は、
「うれしい」という意味。 162

4 子どもの家庭の方針に、
口をはさまない。 163

## おわりに

「勝ち」以外の、
「価値」を見つけよう。 164

第1章 ― 生き方

# 楽しそうな大人になろう。

1

# 「できる人」より、「感じのいい人」になろう。

大人になると、つい「できる人」を目指してしまいます。
できる人が、リスペクトされるというのは、勘違いです。
できる人は、「できる人なんだけどね……」と言われてしまいます。
リスペクトされるのは、「感じのいい人」なのです。

2

# 「楽しんでいる人」は、輝いている。

お金や地位では、輝くことはできません。
輝いているのは、「楽しんでいる人」です。
楽しんでいる人は、輝くことを、目指しているわけではありません。
楽しんでいると、結果として、輝いてしまうのです。

# 3

# 「かっこいい人」より、「ゴキゲンな人」になろう。

「かっこいい人」を目指すと、ついシリアスな顔をしてしまいます。
写真を撮ると、笑っていません。
集団写真で、まわりが少し隙間を開けています。
「ゴキゲンな人」は、まわりの人が密着しています。

# 4

## ゴールなんて、いらない。今日を、懸命に楽しむことが、ゴール。

マジメな人は、ゴールを目指します。
ある年齢になると、ゴールを与えてもらえなくなります。
マジメな人は、人から与えられたゴールを目指して頑張っていたのです。
ゴールを目指すより、今日をどう生きるかが、大切なのです。

# 5

## 「時間の長さ」より、「時間の濃さ」で生きよう。

ある年齢から、余命が気になり始めます。
死を身近に感じ、残り時間が気になり始めます。
何歳まで生きられるかは、自分で決めることはできません。
今日を、どう濃密に生きるかは、自分で決めることができます。

第2章——メンタル

# 楽しめる心を持とう。

1

#「なめられたくない」と思う時点で、負けている。

「なめられたくない」というのは、「なめられてる」と感じているからです。
「なめられてる」と感じていない人は、「なめられたくない」と感じません。
なめられたくないと感じると、高圧的な姿勢になります。
高圧的になることで、ますますなめられてしまうのです。

2

# 「凄い人」を目指すより、「面白い人」を目指そう。

ある年齢になると、「凄い人」と言われたがります。
凄い人と言われても、愛されているとは、かぎりません。
そういう人は「面白い人」と言われると、「バカにされた」と感じます。
面白い人というのは、最高のほめ言葉なのです。

# 3

## 疲れたシルバーではなく、楽しそうなプラチナになろう。

楽しそうな大人には、まわりの人が憧れます。
お金持ちや偉い人でも、楽しそうでない人は、愛されません。
大人の役割は、生きることの楽しさを、後進に伝えることです。
大人が楽しそうにしていると、子どもたちも楽しそうになるのです。

# 4

## 名前を聞かれることに、ショックを受けない。

ある年齢から、「お名前は？」と聞かれると、ショックを感じます。
「自分の名前は、相手が知っていて当然」と過ごして来たからです。
その瞬間に、社会から窓際に追いやられた気分になってしまいます。
名前を名乗ることで、新人をやり直すことができるのです。

# 5

## 他人の失敗にも、自分の失敗にも、寛大になる。

ある年齢になると、「失敗」が少なくなります。
そうなると、失敗を許せなくなります。
他人の失敗を許せなくなると、自分の失敗も許せなくなります。
他人の失敗を許せないのは、自分の失敗を許せないからなのです。

6

# 原因は、どうだっていい。「どうするか」を考えればいい。

うまくいかないことがある時、「なんで、うまくいかないのか」と、つい原因を考えてしまいます。

原因を考えても、解決にはなりません。

「原因は、どうだっていい」と感じた時、解決策が浮かんできます。

# 7

## 堂々とすると、ミスも演出に見える。ビクビクすると、ミスはミスに見える。

楽しそうな大人のミスが、爽やかなのは、堂々としているからです。
「チャック、閉め忘れてますよ」と言われても、堂々とすることです。
「ごめん、閉め忘れたんじゃなくて、開ける途中でした」と、
ビクビクしないことです。

8

# 他人の問題にすり替えることで、ますます疲れる。

うまくいかないことがあると、「そもそも、あの人が」と考えると、疲れます。

他者を変えることはできないからです。

当事者意識を持つと、自分のことなので、変えることができます。

困った人を変えるより、困った人との自分のつきあい方を変えるのです。

# 9

## 解釈の幅を広げることが、その人の大人度を表す。

楽しそうな大人とは、解釈の幅の広い人です。
解釈とは、２つ目の見方ができることです。
１つ目の見方は、自分の見方です。
「あの人も、一生懸命やってるんだな」と考えるのが、２つ目の見方です。

# 10

## 解釈の幅を広げることで、自己肯定感が上がる。

自分だけの解釈をすると、「自分は、ちゃんとしてるのに、なぜだ」と理不尽に感じてしまいます。

「結局、自分は、バカにされている」という結論になってしまいます。

「オーダーを間違えられたのは、スタッフさんが新人だったから」という解釈をすればいいのです。

# 11

## 花の香りをかぐ
## 余裕を持とう。

余裕がない時は、花の香りに気づけません。
見るのは一瞬でできますが、
香りは余裕がないと味わうことができません。
香りを味わうことで、さらに余裕が生まれます。

12

# 相手がミスをした時が、「幸福感」を上げるチャンス。

相手がミスをすると、つまらなそうな大人は、ここぞとばかり責めます。
日頃の鬱憤を晴らすのです。
自分の不幸感を、他者にぶつけることで、解消することはできません。
ミスを許すことで、「幸福感」が上がるのです。

第3章 好きなこと

# 楽しそうに見える人は、魅力がある。

1

# 好きなことに、キッカケはいらない。

「好きなことが、見つからない」と言う人は、
好きなことをしている人に、「キッカケはなんですか」と聞きます。
キッカケがないから、自分は出会えないのだと勘違いしています。
理由もなく、キッカケも忘れたことが、好きなことなのです。

2

# 気になるところを、深掘りするだけでいい。

知ってる自慢をする人は、楽しそうではありません。
世の中は、知らないことだらけだからです。
楽しそうな大人は、ワンちゃんが匂いを嗅ぐように、掘ります。
「ねばならない」ではなく、気になるだけなのです。

# 3

## 休日にしていることが、好きなこと。好きなことなら、平日にもする。

「定年になったら、好きなことをしよう」と言う人は、好きなことは見つかりません。
「好きなこと」に、「いつになったら」はありません。
「こんなことしてる場合じゃないのに」という時していいます。

4

# 好きな理由が、わからない。それが本当に、好きなこと。

好きなことに、理由はいりません。
理由があったら、好きなことではありません。
理由がないのに、やっていることが、好きなことです。
理由から探しても、好きなことには出会えません。

# 5

## 振り向いてもらえなくても、好きなものに出会えただけで、幸運。

「好きなことは、あるんですが、やれる自信がありません」と言います。
「好きなことがない」と言う人は、
「できそうなこと」を求めています。
「できそうなことは、ワクワクできないんです」と言っているのです。

# 6

## ガマンして生きるほど、人生は、短くない。

つまらなそうな大人は、ガマンが得意です。
ガマンをしている人は、楽しそうではありません。
テーマパークのアトラクションに、
ガマンして並んでいる人は、楽しそうではないのです。

# 7

# 「得意なこと」ではなく、「好きなこと」を持とう。

「好きなことが、見つからない」という人は、
「得意なこと」を探しています。
「下手だ」と言われると、プライドが許さないからです。
一方、「得意なこと」は、面白くないのです。
「好きなこと」は、不得意なことの中に、あるのです。

# 8

## 好きなことのために、好きでもないことを、ゴキゲンにしよう。

「好きなことを、やりたい」と言う人は、
「好きではないことを、やりたくない」と言います。
楽しそうな大人は、好きなことのために、好きでもないことを、
「ああ、めんどくさい」と言いながら、ゴキゲンです。

# 9

## 損得を考えないのが、好きなこと。

「好きなことが、見つからない」という人は、
「でも、それって、儲かりません」と言います。
「高いでしょ」と言います。
損得を意識しているうちは、好きなことではありません。

第4章 — 話し方

# 話したい人になろう。

1

# 「同じのおかわり」より、「コーヒー、おかわりください」。

カフェで愛されない大人は、「同じのおかわり」と言う人です。
スタッフは、いちいち確認しなければなりません。
これは、「覚えていてほしい」という「かまってちゃん症状」です。
愛されている大人ほど「コーヒー、おかわりください」と言います。

2

# 若い人との会話が苦手な人は、同世代との会話も、苦手。

「若い人との会話が、合わない」と言います。
実は、合わないのは、同世代ともです。
「合う」と言ってるのは、自分の意見を肯定してくれる人をさしています。
楽しそうな大人は、自分と意見が違う人との会話も楽しみます。

# 3

## 「言葉のしりとり」より、「気持ちのしりとり」をしよう。

つまらなそうな大人は、相手の言葉を受け取ります。
相手の気持ちは、受け取りません。
その結果、会話が弾みません。
楽しそうな大人は、相手の気持ちを「しりとり」のように受け取ります。

# 4

## 知識よりも、想像を共有しよう。

つまらなそうな大人の会話は、知識のやり取りです。
楽しくないウンチクには、元ネタがあります。
楽しそうな大人の会話は、想像のやり取りです。
元ネタのない想像が、楽しいのです。

# 5

# 「知らない」より、想像しよう。

つまらなそうな大人は、「知らない」と言います。
「知らない」ということで、その話題を変えてほしいのです。
楽しそうな大人は、想像します。
知らない話ほど、楽しいのです。

6

# 「お若いですね」は、「実際は、いってますね」と伝わる。

楽しそうな大人は、年齢意識がありません。
自分にも、相手にも、ありません。
相手に「お若い」ということは、年齢を意識しているということです。
「若く見られたい」ということすら、忘れるのが楽しそうな大人です。

# 7

## 「受け売りの話」は、バレる。「体験の話」が、愛される。

楽しそうな大人の話は、自分の体験談です。
つまらなそうな大人の話は、受け売りのネタです。
ネタ元もバレていることに、気づいていません。
楽しそうな大人は、誰もが体験していないことをしているので、話せます。

# 8

## 大人こそ、きちんとした言葉遣いをしよう。

楽しそうな大人は、丁寧な言葉遣いをします。
つまらなそうな大人は、ムリに若ぶって「ヤバイ」と言います。
大人は、言葉遣いのお手本です。
きちんとした言葉遣いの大人に、若者は憧れるのです。

第5章

## 聞き方

# 想像で聞き上手になろう。

1

# 「言い換え」ではなく、「聞き換え」で、会話はうまくいく。

会話が弾まないのは、「言い違い」ではありません。
「聞き違い」なのです。
聞き違えていることを、どんなに言い換えても、会話は弾みません。
楽しそうな大人とは、一緒に会話を楽しめる人です。

2

## 会話は、文字を受け取るのではなく、「気持ち」を受け取る。

会話が弾まない原因は、相手の言葉を「文字」で受け取っているからです。
「気持ち」を受け取っていないので、かみあわないのです。
会話は、「文字」が1割、「気持ち」が9割です。
楽しそうな大人は、「気持ち」のやり取りをします。

# 3

## 聞き方の解釈を間違えると、会話がかみあわない。

会話が弾まない人は、相手の言うことを、自分の聞きたい解釈で、聞いています。自分に都合のいいように、聞いているのです。

相手の文脈の中で聞けるのが、楽しそうな大人です。

4

# 1つは解釈とは言わない。2つ目から、解釈が生まれる。

会話が楽しくない人も、「解釈している」と言います。

解釈が1つだけでは、解釈ではなく、「決めつけ」です。

自分の考えと、違う見方ができてはじめて、解釈していると言えます。

1つしかできない人と、2つ以上解釈できる人に分かれます。

# 5

## 「善意の解釈」には、意志がいる。

悪意の解釈に、意志はいりません。
最初は、悪意で解釈してしまいます。
意志を持つことで、「善意の解釈」ができるようになるのです。
善意の解釈ができることで、自分自身も、ストレスがなくなるのです。

# 6

## 解釈の数が、視野の広さになる。

解釈には、幅があります。
解釈が1つしかできないことを、「視野が狭い」と言います。
視野とは、解釈の幅です。
視野の広い人は、解釈の幅が広い人です。

# 7

## 情報だけを見る人は、想像していない。想像する人は、解釈できる。

つまらなそうな大人の話は、情報のみです。
そこには、想像が入りません。
「想像してはいけない」と言いながら、想像ができなくなっているのです。
想像するから、解釈ができるのです。

8

# 自分の意図と、違う意味で受け取られていることに気づく。

会話が弾まない人は、話しっぱなしです。
相手が自分の話を、どう受け取ったかを感じていません。
キャッチボールをする相手が、
ボールをそらしていることに気づくことです。

# 9

## 「知らない」と言うと、「知りたくない」と相手に伝わってしまう。

会話が弾まない人は、一言目から「知らない」と言います。
好奇心がないので、自分の知らない分野の話をされたくないからです。
知らない分野の話をすると、バカにされると、ビクビクしているのです。
知らないことを、想像していける人が、楽しそうな大人です。

第6章 ― 勉強

# 仕事に関係ない勉強を、楽しもう。

# 1

# グループレッスンで、「私の時間が短い」と言わない。

つまらなそうな大人は、他の人から学べません。
楽しそうな大人は、他の人に教えていることからも、学べます。
つまらなそうな大人は、時計の時間で生きています。
楽しそうな大人は、時間の密度で生きています。

2

## 「知らないふり」をしている人が、詳しい人だ。

つまらなそうな大人は、「知っている」と、知ったかぶりをします。
楽しそうな大人は、「知らないふり」をします。
知らないふりをしている人のほうが、詳しいのです。
つまらなそうな大人は、知ったかぶりがバレているのに気づきません。

3

## 勉強をすることで、視野が広がる。

視野は、勝手には、広がりません。
歳をとるごとに、視野が狭まります。
先入観が増えるからです。
勉強することで、先入観を、アップデートしていくことができるのです。

## 4

# しなくてもいい分野を勉強することで、老人ではなく、大人になれる。

老人とは、しなければならない勉強しか、していない人です。
楽しそうな大人は、しなくていい勉強をしています。
しなくていい勉強が、好きなことです。
「なんになるの」を楽しめるのが、楽しそうな大人です。

5

# 思考停止は、心肺停止と同じ。「どうせ変わらない」は、思考停止。

つまらなそうな大人は、思考停止になっています。
思考停止とは「どうせ変わらない」と諦めることです。
思考停止している状態は、心肺停止しているのと同じです。
諦めるということは、自殺行為なのです。

6

# 習い事は、基礎から学ぼう。

つまらなそうな大人は、焦ります。
いきなり、難易度の高いことを、習おうとします。
楽しそうな大人は、基礎から学びます。
地味な勉強を、楽しむことができます。

# 7

## 面白いことを探すより、なんでも面白がろう。

つまらなそうな大人は、「どこかに楽しいことはないか」と探しています。
楽しそうな大人は、探していません。
何を見ても、面白がっています。
どんなことも、面白がることができるのが、楽しそうな大人です。

8

## 楽なことを目指すと、しんどい。「めんどくさい」ことを目指すと、ワクワクする。

つまらなそうな大人は、楽なことを目指します。
めんどくさいことが、嫌いです。
楽しそうな大人は、めんどくささも、楽しみの1つにします。
楽しみは、めんどくささの中にあります。

# 9

## 明日を心配するより、自分の成長を心がけよう。

つまらなそうな大人は、明日を心配しています。
「どうなる」とばかり考えています。

楽しそうな大人は、自分の成長を楽しんでいます。

世の中が「どうなる」より、自分は「どうする」を考えています。

第7章 マナー

# 愛されるお客さんになろう。

1

# マナーが悪いと、サービスは、受けることはできない。

受けることができるサービスは、自分のマナーに連動します。
マナーよくしなければ、よいサービスを受けることはできません。
「サービスが悪い」と言う人は、マナーが悪いのです。
愛されるお客様は、マナーのいいお客様です。

# 2

## さりげない気遣いに、気づかない人は、疲れる。気づく人は、ワクワクする。

気遣いとは、さりげなくされます。
さりげないので、気づく人と、気づかない人がいます。
気遣いをされていないのではなく、気遣いに気づいていないだけです。
さりげない気遣いをすることができる人は、気づける人です。

# 3

## 混んでいる電車に、後ろの人が乗れるようにすることで、被害者意識が、救済者意識になります。

混んでいる電車に、やっと乗れた時は、つい安心して、止まります。止まると、後ろの人が、乗れなくなります。

あと一歩つめることで、後ろの人が乗れるようになります。

後ろの人を考えることで、被害者意識が、救済者意識になります。

4

# おいしい目玉焼きを作るコツは、フライパンに、卵をそっと置くこと。

楽しそうな大人は、料理を作ることができます。
目玉焼きを作ると、料理を作ることができる人かどうか、わかります。
料理を作ることができる人は、食材を優しく扱うことができます。
卵を10センチから落とすのは、人間で言えば、3階から落とすのと同じです。

# 5

## タクシーを降りる時、「ありがとうございました」と言うと、忘れ物に気づく。

タクシーで、「ありがとうございました」と振り返る時に、自分の忘れ物に、気づけます。

感謝をする余裕が、忘れ物に気づくことができるのです。

イライラしていると、忘れ物が増えて、ますますイライラします。

6

# カフェから帰る時、「また来ます」より、「今度は、モンブランを食べます」。

「また来ます」では、社交辞令です。
「今度は、モンブランを食べます」の一言で、お店の人が、にっこり。
同行者も、「また来れる」とにっこり。
他のお客さんも、「モンブランが、あるんだ」とにっこり。

# 7

## 「修理するより、買い直したほうが、安いね」は、愛のなさが、伝わる。

「修理代が、高い」と感じるのは、
そのものに、価値を感じていないからです。
そのものに、愛を感じていないのです。
その発言で、お店のスタッフからも、愛されなくなります。

8

# 「シートベルト、お願いします」は、「言わなくても、締めてよ」という意味。

タクシーのシートベルトを、楽しそうな大人は、言われる前に締めます。
つまらなそうな大人は、言われて渋々締めます。
タクシーの運転手さんは、このセリフを100万回、言っています。
言われる前に、締める人は、それだけで愛されます。

# 9

## レストランの予約が通ってなかった時、「確かに、予約しました」より、「今から入れるでしょうか」。

予約ミスは、「よくあること」です。
楽しそうな大人は、「では、どうしようか」とプランBを考えます。
つまらなそうな大人は、「責任は、自分にない」ということを力説します。
その力説で、お店の人にも、同行者にも、愛されなくなります。

10

# 「荷物、持ちましょうか」より、「持ちましょう」。

質問すると、「大丈夫です」と辞退されます。
質問する前に、さっと受け取ることで、相手も渡しやすくなります。
楽しそうな大人は、言葉と同時に、行動します。
つまらなそうな大人は、行動が遅れます。

# 11

## 列の後ろに並んでいた人に、「お待たせしました」。

楽しそうな大人は、列の後ろの人に、気を遣えます。
つまらなそうな大人は、「私のほうが、先に来たんだから」と考えます。
楽しそうな大人は、誰のせいでもないと考えます。
感じよくなってもらうために、お店の人のように、気配りできます。

12

# 会話の音量を、他のお客様以下にしよう。

つまらなそうな大人は、どこでも声が大きい。
「自分は、ここにいる」ということをアピールします。
「無視されているのではないか」と不安を感じているからです。
楽しそうな大人は、楽しみながらも、声を抑える余裕もあります。

13

# 小部屋で、他のお客様がいる時は、会釈して入ろう。

レストランで、小部屋に入ると、気遣いの差が出ます。

小部屋は、貸し切りではなく、他のグループのお客様もいます。

ざわざわ騒《さわ》がしいグループが来た時点で「はずれ」と判断されます。

会釈して入ってこられると、「あたり」と、気持ちよくなります。

14

# 「お客様意識」を、手放そう。

つまらなそうな大人は、「お金を払っている」という意識を持っています。
お金を払えば、何でもしてもらえるわけではありません。
「お客様意識」を持つと、不満だけが残ります。
感じのいいお客様にならなければ、愛されないのです。

# 15

# 買わないで出る時、「また来ます」と会釈して出よう。

買わないで出ることは、失礼ではありません。
つまらなそうな大人は、買わないで出ることに、引け目を感じます。
その引け目から、無言で出ることになります。
楽しそうな大人は、「また来ます」と出るので、愛されます。

# 16

## 意識的な横柄は、気づける。悪意のない横柄は、気づかない。

「そんなつもりで、したのではない」と、つまらなそうな大人は言います。

「そんなつもりで、していない」から、直せないのです。

むしろ、「そんなつもりで」していたら、直すことができます。

悪意があるかどうかではなく、直せるかどうかが、大切です。

# 17

## フキゲンでいると、相席を断られる。断られていることに、気づこう。

ランチタイムには、相席があります。
「相席を、断られたことがありません」と言うのは、気づいていないだけです。
フキゲンな人と相席するくらいなら、別のお店に行かれてしまいます。

# 18

## タクシーで行き先を告げる時、「〇〇まで、お願いします」と言おう。

つまらなそうな大人は、単語で指示します。
行き先を聞かれて「〇〇まで」と、地名だけを言います。
楽しそうな大人は、「お願いします」をつけることができます。
「コーヒー」ではなく「コーヒー、ください」と言います。

19

# タブレット注文のお店で、口頭で頼まない。

タブレット注文のお店で、差がつきます。

つまらなそうな大人は、「なんで、あなたがいるのに、できないの」と口頭で注文しようとします。

「タブレットが使えないことを、バレたくない」と思われています。

20

# 電車で席を譲られたら、感謝しよう。

電車を譲られた時、つまらなそうな大人は、ショックを受けます。
譲られたのは、ヨロヨロしていたからです。
機械の操作を丁寧に説明されると、逆ギレします。
「おじいさんに見られているのではないか」と、ビクビクしているからです。

第8章

# 仕草

# 一人でいても、感じのいい人になる。

1

# 傘立ての傘の置き方に、姿勢と清潔感が表れる。

傘立てに立てた傘は、自分の分身です。
くしゃくしゃに巻かれた傘の持ち主は、くしゃくしゃです。
斜めに立てられた傘の持ち主は、よろけています。
きちんと畳まれた傘は、きちんと立ち、持ち主もきちんとしています。

2

# エスカレーターで、カバンをはみ出して持たない。

エスカレーターで、カバンがはみ出している人がいます。
本人は、気づいていません。
運転で言うと、車幅感覚が鈍っています。
車をぶつける人は、車幅感覚が鈍っている人です。

3

# 傘を持って歩く時、傘の先を動かさない。

傘を持って歩く時、その人の、ふだんの仕草が表れます。
まわりとぶつかっている人は、傘を振って歩きます。
傘を振って歩いていることにも、気づいていません。
感じのいい人は、傘の先を、まったく動かさずに歩いています。

4

# 感じのいい人は、足音を立てないで歩ける。

感じの悪い人は、足音が大きい。
姿勢が崩れていると、足音が大きくなります。
筋肉が衰えてくるほど、足音は大きくなります。
姿勢のいい人は、足音が小さい。

# 5

## 感じのいい人は、電車に乗る時、入り口にしがみつかない。

感じの悪い人は、電車に乗る時、入り口にしがみつきます。
自分が、降りやすくするためです。
感じのいい人は、奥に乗ります。
他の人の乗り降りの邪魔を、しないためです。

6

# 感じのいい人は、ドアを、優しく閉める。

感じの良さは、ドアの閉め方に表れます。
感じの悪い人は、ドアをバタンと閉めます。
そのことに、気づいていません。
ドアをバタンと閉めることで、自分の存在感をアピールしているのです。

7

# 新聞受けから、新聞を優しく抜く。

感じの悪い人は、ドアの新聞受けから新聞を抜く音が、大きい。
「あの人が、今、新聞を抜いたな」と、近所の人が気づきます。
その音で、自分自身も、イライラするのです。
感じのいい人は、新聞を抜く音が、しません。

8

# 手についた水滴を飛ばしながら、化粧室から出てこない。

化粧室からの出方で、その人の清潔感が出ます。
手についた水滴を飛ばしながら、出てくる人もいます。
濡れた手を、髪の毛で拭きながら出てくる人もいます。
そこを一番見られていることに、気づいていないのです。

# 9

## 電灯のスイッチを、優しく消そう。

電灯のスイッチの消し方に、その人の優しさが出ます。
感じの悪い人は、「バチッ」と消します。
つけたり消したりを、「バチバチ」します。
感じのいい人は、優しくつけて、優しく消します。

10

# 感じのいい人は、ドアの上のほうを優しくノックする。

感じの悪い人のノックは、怒って聞こえます。
感じのいい人のノックは、優しく聞こえます。
感じのいい人は、ドアに優しい。
感じのいい人は、ドアの上のほうを優しくノックします。

# 11

## 横から歩いて来た人と目の前でぶつかりそうな時、相手の後ろを目指そう。

感じの悪い人は、必死です。
負けている感をつねに感じているので、少しでも前を行こうとします。
感じのいい人は、幸福感を感じています。
すれ違う人の後ろを行く余裕があります。

第9章　見た目

# 見た目は、心を映し出す。

1

# 楽しそうな大人は、歩く時、カバンを肩にかけない。

カバンを肩にかけると、ジャケットがしわになります。
姿勢も、崩れます。
スマホに両手を開けるために、リュックを背負うと、頭が前に落ちます。
仕事でカバンを持つ時は、手に持つことで姿勢が良くなります。

2

# 楽しそうな大人は、写真を撮る時、歯を見せて笑う。

楽しそうな大人は、笑顔が爽やかです。
その人の歯を思い出すことができます。
つまらなそうな大人は、写真を撮る時、歯を食いしばっています。
写真を撮る時、その人の精神状態が出ます。

3

# 清潔感は、きちんとした服装からにじむ。

つまらなそうな大人は、高級な服を着ていても、シワだらけです。
清潔感がありません。
高級であることより、清潔であることです。
歳をとるほど、清潔感に差が出ます。

4

# 立っている時も、座っている時も、一輪挿しのように。

楽しそうな大人は、「しゅっと」しています。
しゅっととは、一輪挿しの花のイメージです。
しゅっとの逆は、「だらっと」です。
リラックスしている時に、差が出ます。

# 5

## 猛暑の中でも、暑そうな顔をしない。

つまらなそうな大人は、猛暑の日に、暑そうです。
酷寒の日には、寒そうに背中を丸めています。
楽しそうな大人は、猛暑の日にも、涼やかです。
酷寒の日にも、爽やかです。

6

# 混雑しているところで、腕を振って歩かない。

腕を振って歩いていいのは、ウォーキングの時です。
つまらなそうな大人は、体幹が衰えています。
そのため、手を振らないと、歩くことができないのです。
感覚も鈍って、振った腕が、人にぶつかっていることにも気づきません。

# 7

## 姿勢が崩れると、顔が近くなって、嫌がられる。

感じの悪い人は、顔が近いです。
顔が近くなるのは、体幹が崩れて、腰が引けているからです。
腰が引けると、反動で、顔が近づきます。
オヤジのチークダンスの状態になってしまうのです。

8

# 「ゴミ、落ちてるよ」と言う人より、ゴミを拾う人の姿勢がいい。

体幹が衰えると、しゃがむのが、おっくうになります。
しゃがむのは、体幹を使うからです。
「ゴミ、落ちてるよ」と言いながら、自分では拾いません。
ゴミを自分で拾う人は、体幹が鍛えられて、おっくうでなくなります。

9

## カジュアルは、きちんと。フォーマルは、笑顔で。

感じの悪い人は、カジュアルになると、だらしなくなります。

感じのいい人は、カジュアルな時は、フォーマルよりもきちんとします。

感じの悪い人は、フォーマルな時は、緊張します。

感じのいい人は、フォーマルな場は、慣れているので、リラックスします。

## 10

# アップグレードは、姿勢の良さで選ばれる。

アップグレードするお客様を選ぶ基準は、姿勢の良さです。
正規料金で買われているお客様に、バレないためです。
ランクの上下は、お客様の姿勢でわかります。
姿勢のいい人は、マナーもいいのです。

11

# 信号待ちをする時、足を揃えると、イライラしない。

感じの悪い人は、信号待ちで、スマホを見ています。
感じのいい人は、信号待ちで、空を見ています。
信号待ちの姿勢に、その人の余裕が、表れます。
信号待ちの姿を、一番見られています。

12

# 電車で座る時、姿勢がいい人は、脚を広げない。

電車で座った時、姿勢が崩れている人は、脚を広げます。
脚を、投げ出します。
脚を、揃えるには、体幹が求められます。
脚を閉じることで、骨盤が立ち、体幹が鍛えられます。

13

# 昔の自分より、今の自分がいいと感じよう。

つまらなそうな大人は、若い頃の写真を後生大事に使います。
今の自分を、経年劣化していると感じています。
楽しそうな大人は、最新の写真を使います。
昔の写真を、恥ずかしくて見せないのは、成長している証拠です。

14

# 手をポケットに入れると、老けて見える。

つまらなそうな大人は、緊張すると、手をポケットに入れます。
そうすることで、緊張が、まわりの人にバレてしまいます。
手をポケットに入れると、老けて見えます。
体幹がなくなると、手が重く感じるので、ポケットに入れたくなります。

15

# 食事をする時、両手をテーブルに出す。

おいしくなさそうに食事をする人は、お箸を持たない手が、テーブルの下にあります。

体幹がないので、手で体を支えているからです。

片方の手だけで食べると、おいしそうに見えないのです。

16

# アイコンタクトのない人は、まぶたが垂れ下がる。

つまらなそうな大人は、アイコンタクトがありません。
下に目線をそらしているので、まぶたの筋肉が上がらなくなります。
楽しそうな大人は、アイコンタクトがあります。
まぶたを上げているので、まぶたのたるみがありません。

# 17

# 笑顔のない人は、ほうれい線が目立ってくる。

つまらなそうな大人は、笑顔がありません。

笑顔は、筋肉で作られるので、笑顔がないと、ほうれい線が目立ちます。

人といる時は、頑張って笑っていても、一人でいる時、つまらなそうにしていると、ほうれい線が目立ってくるのです。

18

# 感じのいい人は、お店に入る時、足を揃える。

感じのいい人は、足を揃えます。
足を揃えるには、体幹の筋肉がいります。
キビキビしているのは、足を揃えるからです。
ダラダラしているのは、足を揃えないからです。

# 19

## 感じのいい人は、乗り物の椅子に、ドシンと座らない。

座る時に、感じの良さがわかります。
電車、映画館、ベンチ、タクシー。
ドシンと座ると、振動で、まわりの人を驚かせます。
ドシンと座らないことで、体幹が鍛えられます。

# 20

## 楽しそうな大人は、月を見上げることができる。遠くの景色を、見ることができる。

楽しそうな大人は、月を楽しむことができます。
月を見上げるには、体幹が求められます。
月を見ることで、まぶたも上がります。
遠くの景色を見ることができる人が、楽しんでいる人です。

第10章 — 自立

# 頼らないでできることで、楽しくなる。

1

# 自分でできる人は、楽しんでいる。

楽しそうな大人は、料理を自分で作ることができます。
雑用を自分ですることができます。
お茶を自分で入れることができます。
なんでも、人任せにしている人は、楽しそうに見えなくなります。

## 2

# つまらなそうな大人は、来るのを待つ。楽しそうな大人は、自分から行く。

楽しさは、自発から生まれます。
つまらなそうな大人は、受け身です。
楽しそうな大人は、自分から動きます。
自分から動くから、余計、楽しくなるのです。

# 3

## 会いに行けば、出会いが生まれる。話しかければ、物語が始まる。

楽しさは、出会いから生まれます。
出会いは、待っていても、生まれません。
そこそこの役職になると、来てもらうことに、慣れてしまいます。
いつのまにか、自分から行くことができなくなっているのです。

4

# 遠くまで足を運んだ人が、多くのものを持ち帰る。

楽しそうな大人は、距離をいといません。
つまらなそうな大人は、近所でも、めんどうがります。
遠くても、軽々と行けるフットワークが、新たな出会いを生みます。
その人のフットワークの軽さが、楽しさの大きさなのです。

# 5

## 話しかけは、相手へのプレゼント。ラッピングは、明るい表情。

つまらなそうな大人は、自分から、話しかけません。
「相手から、話しかけるのが、礼儀だろう」と考えています。
会社にいる間は、相手から話しかけてもらえました。
社会では、自分から話しかけないと、誰も話しかけてはくれません。

## 6

# 自炊ができる人は、味に文句を言わなくなる。

自炊をしない人は、味に文句を言います。
料理の難しさを知らないからです。
自炊をすると、味つけの工夫に気づけます。
料理してもらうことの、ありがたさにも、気づけます。

第11章

# 金運

# 運を味方につけよう。

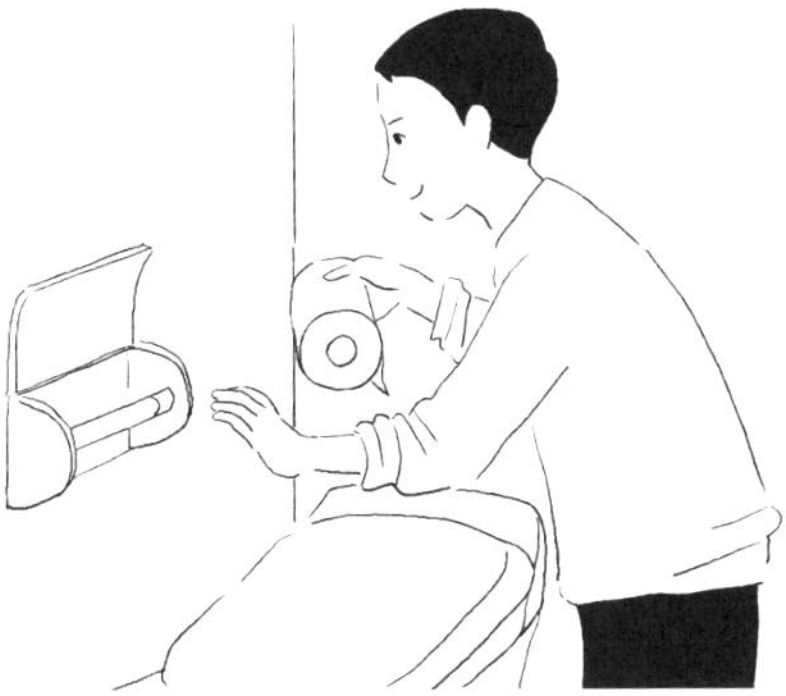

1

# 仕事は、報酬よりも、リスペクトで依頼する。

楽しそうな大人は、お金のために、仕事をしません。
お金を仕事の、動機にしないのです。
仕事を依頼する時も、受ける時も、人で選びます。
お互いに、リスペクトがあれば、一緒にできるのです。

2

# トイレットペーパーを交換した人に、運が来る。

トイレットペーパーを、替えるチャンスが来た人は、運が開けます。
毎日、いろんなところで、替えている人もいます。
ほとんど、トイレットペーパーを替えていない人もいます。
替えていないということは、誰かのお世話になっているということです。

3

# エコヒイキは、されるのも、するのも、工夫がいる。

つまらなそうな大人は、エコヒイキされる人が、嫌いです。
自分が、エコヒイキされないからです。
エコヒイキされるには、工夫がいります。
エコヒイキするにも、工夫がいるのです。

# 4

## 「神様のおかげ」もあるけど、その人という「人間のおかげ」もある。

「神様のおかげ」は、忘れる人はいません。
「誰かのおかげ」を、つい忘れがちです。
楽しそうな大人は、運がいい。
楽しそうな大人は、「人間のおかげ」も気づいています。

# 5

## 「小さな約束」を守る人が、信頼される。小さな約束とは、「お金と時間」。

運は、信用から生まれます。
信用は、「小さな約束」を守ることから生まれます。
小さな約束とは、「お金と時間」です。
お金を早く払い、遅刻しないことで、信用は生まれます。

# 6

## お金のクヨクヨは、お金以外で解決する。

つまらなそうな大人は、お金でクヨクヨします。
楽しそうな大人は、お金でクヨクヨしません。
お金のクヨクヨは、お金で解決しません。
お金以外のことで、お金のクヨクヨを忘れることができます。

# 7

## お金で、時間を買い、時間で、体験を買おう。体験とは、会いに行くこと。

つまらなそうな大人は、お金が入ったら、お金のまま持ちます。
楽しそうな大人は、お金を時間に変えます。
その時間を、体験に変えます。
体験とは、人に会うことです。

第12章 — 仕事

# 死ぬまで現役でいよう。

# 1

## 楽しさは、めんどくさい依頼を引き受けたことから生まれる。

つまらなそうな大人は、めんどくさそうな仕事から、逃げます。
楽しそうな大人は、めんどくさそうでも、引き受けます。
楽しさは、めんどくさそうな仕事から、生まれます。
楽しそうな依頼は、意外に、楽しくならないのです。

2

## 「もう二度と来ない」は、「直ってるか、また見に来るよ」という意味。

「もう二度と来ない」と言う人ほど、来ないわけではありません。
そのお客様は、また確認にやってきます。
楽しそうな大人は、クレームに強い。
長期的に、物事を見ているからです。

3

# 「また来ます」は、「もう来ません」の意味もある。

楽しそうな大人は、ぬか喜びをしません。
言葉に、2通りの意味があることを知っています。
つまらなそうな大人は、期待が大きすぎるあまり、落ち込みも大きい。
楽しそうな大人は、過度な期待をしないのです。

## 4

# 「不愉快な思いをさせたとしたら、お詫びします」は、反省していない。

「不愉快な思いをした、あなた側の責任でしょ」と受け取られてしまいます。
つまらなそうな大人は、お詫びが苦手です。
楽しそうな大人は、お詫び役さえも、喜んで引き受けます。

# 5

## お客様からのクレームに、「現場に厳重に注意します」より、「早速、仕組みを改善します」。

お客様が求めているのは、担当者を叱ることではありません。
つまらなそうな大人は、部下を叱ることで、解決しようとします。
楽しそうな大人は、部下がミスを再発しない仕組みを作ります。
楽しそうな大人は、仕組みを作るのが、楽しいのです。

## 6

# 「ちょっとしたことで、逆鱗に触れまして」は、重大さに気づいていない。

つまらなそうな大人は、運が悪くて、叱られたと思っています。
小さいことの重要性に、気づいていません。
楽しそうな大人は、小さいことを楽しみます。
反省し、改善することも、楽しむのです。

# 7

## 「違うんです」は、「素直じゃないな」と受け取られる。

つまらなそうな大人は、言い訳が得意です。
言い訳が得意なので、言い訳で乗り切るため、改善しません。
楽しそうな大人は、言い訳が苦手です。
言い訳が苦手なので、改善をします。

# 8

## 「ここ一番」より、「いつなんどきでも」の準備をしよう。

つまらなそうな大人は、「ここ一番」で頑張ろうとします。
ここ一番は、いつ来るか、わかりません。
結局、ここ一番でも、頑張れません。
楽しそうな大人は、「いつなんどきでも」の準備をしています。

第13章 ― 家庭

# 愛される家庭人になろう。

1

# 花を買って帰った時、「どうしたの？」は、「うれしい」という意味。

つまらなそうな大人は、「どうしたの？」と言われると、くじけます。
怒られていると感じて、「せっかく、買ってきたのに」と逆ギレします。
楽しそうな大人は、言葉の中に、相手の照れを感じます。
照れの中に「可愛らしさ」を感じます。

2

# 花を買って帰った時、「浮気した？」は、「うれしい」という意味。

つまらなそうな大人は、家族とのコミュニケーションが苦手です。
母親とのコミュニケーションに甘やかされているからです。
つまらなそうな大人は、理解してもらおうとします。
楽しそうな大人は、理解しようとします。

# 3

## 高めのプレゼントを買ってきた時、「またこんな贅沢して」は、「うれしい」という意味。

つまらなそうな大人は、家族の「うれしい」サインを見逃します。

「うれしいなら、うれしいと言ってよ」と、言います。

人が、うれしい時、うれしい以外の言葉を使うことを理解できません。

楽しそうな大人は、相手の「うれしい」サインに、気づくことができます。

4

## 子どもの家庭の方針に、口をはさまない。

子どもが家庭を持つと、子どもの家の教育方針が生まれます。
つまらなそうな大人は、子どもの家の教育方針に、口をはさみます。
子どもの家が、自分の家だと、勘違いしているのです。
子どもが家庭を持った時点で、子離れをすることが大切です。

# 「勝ち」以外の、「価値」を見つけよう。

つまらなそうな大人は、勝ち負けにこだわります。
勝ち負けにこだわるのは、勝ち負け以外の価値観がないからです。
楽しそうな大人は、勝ち負け以外の価値を見出しています。
勝つことより、楽しいことを知っているのです。

# 中谷彰宏の作品一覧

**【ダイヤモンド社】**

『60代でしなければならない50のこと』
『面接の達人 バイブル版』
『なぜあの人は感情的にならないのか』
『50代でしなければならない55のこと』
『なぜあの人の話は楽しいのか』
『なぜあの人はすぐやるのか』
『なぜあの人は逆境に強いのか』
『なぜあの人の話に納得してしまうのか［新版］』
『なぜあの人は勉強が続くのか』
『なぜあの人は仕事ができるのか』
『25歳までにしなければならない59のこと』
『なぜあの人は整理がうまいのか』
『なぜあの人はいつもやる気があるのか』
『なぜあのリーダーに人はついていくのか』
『大人のマナー』
『プラス1％の企画力』
『なぜあの人は人前で話すのがうまいのか』
『あなたが「あなた」を超えるとき』
『中谷彰宏金言集』
『こんな上司に叱られたい。』
『フォローの達人』
『「キレない力」を作る50の方法』
『女性に尊敬されるリーダーが、成功する。』
『30代で出会わなければならない50人』
『20代で出会わなければならない50人』
『就活時代しなければならない50のこと』
『あせらず、止まらず、退かず。』
『お客様を育てるサービス』
『あの人の下なら、「やる気」が出る。』
『なくてはならない人になる』
『人のために何ができるか』
『キャパのある人が、成功する。』
『時間をプレゼントする人が、成功する。』
『明日がワクワクする50の方法』
『ターニングポイントに立つ君に』
『空気を読める人が、成功する。』
『整理力を高める50の方法』
『迷いを断ち切る50の方法』
『なぜあの人は10歳若く見えるのか』
『初対面で好かれる60の話し方』
『成功体質になる50の方法』
『運が開ける接客術』
『運のいい人に好かれる50の方法』
『本番力を高める57の方法』
『運が開ける勉強法』
『バランス力のある人が、成功する。』
『ラスト3分に強くなる50の方法』
『逆転力を高める50の方法』
『最初の3年 その他大勢から抜け出す50の方法』
『ドタン場に強くなる50の方法』
『アイデアが止まらなくなる50の方法』
『思い出した夢は、実現する。』
『メンタル力で逆転する50の方法』
『自分力を高めるヒント』
『なぜあの人はストレスに強いのか』
『面白くなければカッコよくない』
『たった一言で生まれ変わる』
『スピード自己実現』
『スピード開運術』

『スピード問題解決』
『スピード危機管理』
『一流の勉強術』
『スピード意識改革』
『お客様のファンになろう』
『20代自分らしく生きる45の方法』
『なぜあの人は問題解決がうまいのか』
『しびれるサービス』
『大人のスピード説得術』
『お客様に学ぶサービス勉強法』
『スピード人脈術』
『スピードサービス』
『スピード成功の方程式』
『スピードリーダーシップ』
『出会いにひとつのムダもない』
『なぜあの人は気がきくのか』
『お客様にしなければならない50のこと』
『大人になる前にしなければならない50のこと』
『なぜあの人はお客さんに好かれるのか』
『会社で教えてくれない50のこと』
『なぜあの人は時間を創り出せるのか』
『なぜあの人は運が強いのか』
『20代でしなければならない50のこと』
『なぜあの人はプレッシャーに強いのか』
『大学時代しなければならない50のこと』
『あなたに起こることはすべて正しい』

**【きずな出版】**

『チャンスをつかめる人のビジネスマナー』
『生きる誘惑』
『しがみつかない大人になる63の方法』
『「理不尽」が多い人ほど、強くなる。』
『グズグズしない人の61の習慣』
『イライラしない人の63の習慣』
『悩まない人の63の習慣』
『いい女は「涙を背に流し、微笑みを抱く男」とつきあう。』
『ファーストクラスに乗る人の自己投資』
『いい女は「紳士」とつきあう。』
『ファーストクラスに乗る人の発想』
『いい女は「言いなりになりたい男」とつきあう。』
『ファーストクラスに乗る人の人間関係』
『いい女は「変身させてくれる男」とつきあう。』
『ファーストクラスに乗る人の人脈』
『ファーストクラスに乗る人のお金2』
『ファーストクラスに乗る人の仕事』
『ファーストクラスに乗る人の教育』
『ファーストクラスに乗る人の勉強』
『ファーストクラスに乗る人のお金』
『ファーストクラスに乗る人のノート』
『ギリギリセーフ』

**【リベラル社】**

『好かれる人の言いかえ』
『好かれる人は話し方が9割』【文庫】
『20代をどう生きるか』
『30代をどう生きるか』【文庫】
『メンタルと体調のリセット術』
『新しい仕事術』
『哲学の話』
『「また会いたい」と思われる人「二度目はない」と思われる人』

『1分で伝える力』
『モチベーションの強化書』
『50代がもっともっと楽しくなる方法』
『40代がもっと楽しくなる方法』
『30代が楽しくなる方法』
『チャンスをつかむ 超会話術』
『自分を変える 超時間術』
『問題解決のコツ』
『リーダーの技術』
『一流の話し方』
『一流のお金の生み出し方』
『一流の思考の作り方』
『一流の時間の使い方』

**【PHP研究所】**
『自己肯定感が一瞬で上がる63の方法』【文庫】
『定年前に生まれ変わろう』
『メンタルが強くなる60のルーティン』
『中学時代にガンバれる40の言葉』
『中学時代がハッピーになる30のこと』
『もう一度会いたくなる人の聞く力』

『14歳からの人生哲学』
『受験生すぐにできる50のこと』
『高校受験すぐにできる40のこと』
『ほんのささいなことに、恋の幸せがある。』
『高校時代にしておく50のこと』
『お金持ちは、お札の向きがそろっている。』【文庫】

『仕事の極め方』
『中学時代にしておく50のこと』
『たった3分で愛される人になる』【文庫】
『「できる人」のスピード整理術』【図解】
『「できる人」の時間活用ノート』【図解】
『自分で考える人が成功する』【文庫】
『入社3年目までに勝負がつく77の法則』【文庫】

**【大和書房】**
『いい女は「ひとり時間」で磨かれる』【文庫】
『大人の男の身だしなみ』
『今日から「印象美人」』【文庫】
『いい女のしぐさ』【文庫】
『美人は、片づけから。』【文庫】

『いい女の話し方』【文庫】
『「女を楽しませる」ことが男の最高の仕事。』【文庫】
『男は女で修行する。』【文庫】

**【あさ出版】**
『うまくいかなくて、ちょうどいい。』
『孤独が人生を豊かにする』
『気まずくならない雑談力』
『「いつまでもクヨクヨしたくない」とき読む本』
『「イライラしてるな」と思ったとき読む本』
『なぜあの人は会話がつづくのか』

**【水王舎】**
『なぜ美術館に通う人は「気品」があるのか。』
『なぜあの人は「美意識」があるのか。』
『なぜあの人は「教養」があるのか。』
『結果を出す人の話し方』
『「人脈」を「お金」にかえる勉強』
『「学び」を「お金」にかえる勉強』

【青春出版社】
『言い換えで、人生が変わる。』
『人はマナーでつくられる』
『50代「仕事に困らない人」は見えないところで何をしているのか』
『50代でうまくいく人の無意識の習慣』
『いくつになっても「求められる人」の小さな習慣』

【自由国民社】
『期待より、希望を持とう。』
『不安を、ワクワクに変えよう。』
『「そのうち何か一緒に」を、卒業しよう。』
『君がイキイキしていると、僕はうれしい。』

【すばる舎リンケージ】
『仕事が速い人が無意識にしている工夫』
『好かれる人が無意識にしている文章の書き方』
『好かれる人が無意識にしている言葉の選び方』
『好かれる人が無意識にしている気の使い方』

【日本実業出版社】
『出会いに恵まれる女性がしている63のこと』
『凛とした女性がしている63のこと』
『一流の人が言わない50のこと』
『一流の男 一流の風格』

【かざひの文庫】
『銀座スタイル』
『本に、オトナにしてもらった。』
『そのひと手間を、誰かが見てくれている。』

【河出書房新社】
『一流の人は、教わり方が違う。』【新書】
『成功する人のすごいリアクション』
『成功する人は、教わり方が違う。』

【現代書林】
『チャンスは「ムダなこと」から生まれる。』
『お金の不安がなくなる60の方法』
『なぜあの人には「大人の色気」があるのか』

【ぱる出版】
『品のある稼ぎ方・使い方』
『察する人、間の悪い人。』
『選ばれる人、選ばれない人。』

【DHC】
『会う人みんな神さま』ポストカード
『会う人みんな神さま』書画集
『あと「ひとこと」の英会話』

【第三文明社】
『中谷彰宏の子育てワクワク作戦』
『仕事は、最高に楽しい。』

【ユサブル】
『迷った時、「答え」は歴史の中にある。』
『1秒で刺さる書き方』

【大和出版】
『自己演出力』
『一流の準備力』

【リンデン舎】
『状況は、自分が思うほど悪くない。』
『速いミスは、許される。』

【毎日新聞出版】
『あなたのまわりに「いいこと」が起きる70の言葉』
『なぜあの人は心が折れないのか』

【文芸社】
『全力で、1ミリ進もう。』【文庫】
『贅沢なキスをしよう。』【文庫】

【総合法令出版】
『「気がきくね」と言われる人のシンプルな法則』
『伝説のホストに学ぶ82の成功法則』

【東京ニュース通信社】
『自分の本を出すためのバイブル』

【ベースボール・マガジン社】
『「生活のアスリート」になろう。』

【春陽堂書店】
『色気は、50歳から。』

【エムディエヌコーポレーション】
『カッコいい大人になろう』

【彩流社】
『40代「進化するチーム」のリーダーは部下をどう成長させているか』

【学研プラス】
『読む本で、人生が変わる。』

【WAVE出版】
『リアクションを制する者が20代を制する。』

【二見書房】
『「お金持ち」の時間術』【文庫】

【ミライカナイ】
『名前を聞く前に、キスをしよう。』

【イースト・プレス】
『なぜかモテる人がしている42のこと』【文庫】

© 撮影・奈良 巧

「本の感想など、どんなことでも、
あなたからのお手紙を楽しみにしています。
僕は、本気で読みます。」

中谷彰宏

【送り先】

〒 203-0013　東京都東久留米市新川町 2-8-16

アルソス株式会社　出版部気付　中谷彰宏 行

※食品、現金、切手などの同封は、ご遠慮ください。（出版部）

【著者紹介】

## 中谷彰宏（なかたに・あきひろ）

1959年、大阪府生まれ。早稲田大学第一文学部演劇科卒業。
博報堂勤務を経て、独立。91年、株式会社中谷彰宏事務所を設立。
「中谷塾」を主宰。セミナー、ワークショップ、オンライン講座を行っている。

【中谷彰宏公式サイト・an-web】
https://an-web.com/

【YouTube・中谷彰宏チャンネル】
https://www.youtube.com/@nakatani_akihiro.official/

---

中谷彰宏は、盲導犬育成事業に賛同し、この本の印税の一部を（公財）日本盲導犬協会に寄付しています。

カバーデザイン　森裕昌（森デザイン室）
本文デザイン　森デザイン室
本文イラスト　michi
企画・編集協力　遠藤励起

# 楽《たの》しそうな大人《おとな》になろう。
## ── 55歳《さい》から輝《かがや》いて生《い》きる人《ひと》の習慣《しゅうかん》

2023年11月1日　第1刷発行

著　者　中谷彰宏《なかたにあきひろ》
発行者　林　定昭
発行所　アルソス株式会社
〒203-0013
東京都東久留米市新川町2-8-16
電話　042-420-5812（代表）
印刷所　株式会社 光邦


ISBN 978-4-910512-03-7 C0095